AF358880

ÉGALITÉ, LIBERTÉ.
RÉPUBLIQUE FRANÇAISE.

LES COMMISSAIRES AUX INHUMATIONS,

Aux Citoyens Maire et Officiers Municipaux de Commune-Affranchie.

Citoyens,

LE raisonnement le plus simple et les observations les plus constantes démontrent que les cimetieres, dans l'intérieur des grandes Communes, sont essentiellement nuisibles à la santé des hommes. En vain l'on répéteroit que jamais il n'a résulté, parmi nous, aucun accident, des inhumations nombreuses, pratiquées jusqu'ici dans l'enceinte de la Cité.

*

Faut-il donc des asphyxies, des morts subites ou des épidémies, pour convaincre certaines personnes de l'existence d'un mal, dont elles éprouvent elles-mêmes chaque jour les atteintes funestes, quoique peut-être imperceptibles ?

Nos cimetieres n'ont point assez d'étendue : ils sont trop enclavés au milieu de nos habitations : les maisons qui les entourent, sont pour la plupart très-élevées : l'air n'est presque jamais rafraîchi par des courants ; les brouillards retiennent des vapeurs en stagnation, les accumulent, les condensent, jusqu'au moment où un tourbillon, agitant cette masse, dissémine au loin les principes de contagion. Le sol présente un aspect affreux ! L'exploitation en est aussi désordonnée que la situation dangereuse ; tous les jours des fosses se creusent sur les mêmes points où les substances en putréfaction ne sont pas encore suffisamment décomposées. Les corps ambiants pompent des vapeurs malfaisantes, s'en impregnent, les reportent à l'odorat qui en est offensé, les font circuler dans l'air que nous respirons, et dans notre sang qu'elles corrompent ; en un mot s'il n'arrive pas de ces accidens subit qui forcent à réfléchir, du moins il est impossible de ne pas reconnoître ici la principale cause des maladies putrides, si fréquentes, et, pour ainsi dire, naturalisées dans cette Commune.

Quel seroit l'unique moyen de prévenir efficacement ce danger ? Nous n'hésitons pas à le dire : c'est la combustion des cadavres. Si le préjugé s'élevoit contre cette mesure, nous répondrions : Quoi ! les restes d'un époux , d'un pere , d'un ami , seroient-ils de nature à vous intéresser davantage, quand ils éprouvent sous la terre une hideuse décomposition, que lorsqu'ils seront purifiés , déposés dans une urne funéraire, que vous pourrez tenir dans vos mains et presser contre votre cœur ? Aimez-vous mieux l'horrible aspect de ces débris de l'humanité , épars sur un sol pestilentiel et en désordre , qu'une cendre tranquille , déposée sous un ombrage silencieux , et visitée chaque jour , sans danger , sans dégoût , par vos concitoyens et par vos amis ?

Les Peuples anciens honoroient les morts autant que nous : le respect pour leur mémoire tenoit même de l'idolatrie. L'homme de bien devenoit, après le trépas, une espèce de divinité tutélaire pour sa famille.

Eh bien ! si vous aviez proposé à ces nations anciennes d'abandonner, suivant votre usage, aux insectes et à la corruption, les restes d'un parent chéri, quelle horreur n'auroit pas inspiré cette proposition ! alors tous les morts étoient brûlés religieusement : cet usage fut celui de toutes les Républiques ; il doit devenir le nôtre, puisque nous sommes Républicains.

Quand un soldat de la Patrie périra sur un territoire étranger, que vous restera-t-il de ce défenseur généreux ? Les anciennes Républiques ne souffroient pas ainsi que leurs défenseurs fussent entiérement perdus pour elles. La flamme dévoroit tout ce qu'il y avoit de corruptible dans les débris de leur existence, et leurs cendres étoient rapportées pour faire la consolation de leurs amis et recevoir les hommages de la Patrie.

L'usage de la combustion s'est maintenu long-tems, même parmi nous, malgré les progrès rapides des idées superstitieuses. L'immense quantité d'urnes cinéraires, tirées des caveaux de nos anciennes basiliques, atteste que la méthode des inhumations ne remonte pas à des tems bien reculés. Elle fut mise en crédit par ces moines imposteurs, qui imaginèrent d'attribuer le pouvoir des miracles aux reliques des morts, afin d'envahir avec impunité la fortune des vivans. Une pareille origine suffit pour proscrire cette institution moderne : ce n'est pas dans les sources du fanatisme que doit puiser le patriote éclairé par la raison.

Secouons les vains préjugés de

l'enfance, dépouillons-nous de nos habitudes irréfléchies ; et nous comprendrons que le feu est le seul agent qui puisse rapidement détruire des substances, dont la putréfaction sera toujours infiniment dangereuse, quelques précautions que l'on prenne d'ailleurs pour en prévenir les suites.

Ce moyen est encore le plus économique. Le corps humain est une masse de matiere combustible ; placez ensemble plusieurs corps, la combustion communiquée au premier, par les voies ordinaires, se propagera très-rapidement à tous les autres ; et si la localité de la combustion est peuplée convenablement, vous obtiendrez un résultat beaucoup moins dispendieux que ne pourroient l'être les plus simples inhumations.

Ajoutons qu'il n'est point à craindre que les vapeurs fuligineuses répandent une odeur incommode ; cette odeur devient nulle, par la forme qu'il est très-facile de donner au fourneau funéraire ; puisqu'il est connu qu'on en construit très-simplement, qui consument, qui dévorent leurs fumées et les odeurs des substances brûlantes, en les forçant de traverser le foyer et l'âtre situés inférieurement.

Enfin, sans recourir aux enveloppes d'amiante, il sera facile encore d'isoler et d'obtenir à part les cendres de celui qui aura mérité cette distinction par son courage ou ses vertus.

Ainsi toutes les considérations se réunissent en faveur de l'usage des anciens ; la seule qui nous empêche de le proposer exclusivement, c'est qu'une pareille mesure nous paroît devoir être générale, et comme telle

a besoin d'être décrétée par nos Législateurs. Les magistrats du Peuple
examineront dans leur sagesse s'il
ne conviendroit pas d'en faire eux-
mêmes la provocation.

En attendant ce nouveau triomphe
de la raison sur les préjugés, nous
avons dû nous occuper à détruire,
par un autre moyen, ces cimetieres,
ces foyers pestilentiels, distribués
sur plusieurs points de cette Commune. La Convention Nationale a
décrété qu'on ouvriroit, loin des
habitations, un asyle, où les Citoyens confondus après leur mort,
iroient se reposer, dans un sommeil
éternel, des fatigues d'une vie labo-
rieuse. C'est le moment d'exécuter
enfin cette Loi sage, dictée par
l'amour de l'humanité. L'avarice du
sacerdoce, les prétentions de l'or-
gueil et de l'opulence, n'opposeront

plus de vains obstacles à une mesure salutaire , sollicitée depuis long-tems , mais toujours éludée.

Il est urgent , sur-tout dans cette Commune , de mettre le décret à exécution. Déjà l'on a interdit et fait encombrer le cimetiere Nizier et celui de la rue Luizerne ; c'est-à-dire , les deux dépôts où les inhumations étoient jusqu'à présent les plus nombreuses. Par une extension prématurée de cette mesure , l'on a cessé d'inhumer dans plusieurs autres cimetieres, qui auroient pu néanmoins servir quelque tems encore, sans aucun inconvénient sensible : en sorte que le jardin des ci-devant Capucins est à-peu-près l'unique dépôt où l'on porte aujourd'hui les morts, de toutes les parties de la Cité, et même de quelques Communes voisines. La fosse ouverte dans cet

endroit sera donc bientôt comblée :
elle ne peut plus suffire au-delà de
deux décades ; et si, après ce terme,
le cimetiere général n'étoit pas ou-
vert, l'on se trouveroit dans un
extrême embarras, auquel il seroit
bien difficile de remédier.

La nécessité d'un cimetiere général étant reconnue, il s'agit de se
décider sur son emplacement. Le
principe invariable, c'est qu'il faut
l'établir dans l'endroit d'où les vents
soufflent moins fréquemment sur la
Commune : toute autre considération
doit céder à celle-là. En conséquence,
le vent d'Est étant infiniment rare
dans ce climat, c'est au-delà du
Rhône que la nature elle-même dé-
termine le local qu'il convient d'a-
dopter. Il est inutile de chercher
ailleurs, le plus beau site, les sce-
nes les plus pittoresques ; tous les

avantages réunis ne sauroient compenser l'inconvénient d'une position, où les vents agiteroient les vapeurs, pour les reporter fréquemment sur une Cité populeuse.

La rive orientale du Rhône présente plusieurs localités, qui ont dû attirer successivement l'attention des Commissaires ; après un mur examen, ils ont unanimement donné la préférence à une portion du terrein dépendant de la maison ci-devant Macors, sur la route de Commune-Affranchie à Grenoble, entre la Commune de la Guillotiere et celle de Bron, au penchant du premier Monticule ; voici les raisons qui ont déterminé leur avis.

Ce terrein est élevé suffisamment, sans être d'un accès difficile ; aucun obstacle ne peut empêcher d'y aborder dans toutes les saisons.

L'air y est très-vif et agité par tous les courans ! Il ne permettra point aux vapeurs de s'épaissir, ni de s'accumuler.

Il n'y a presque point d'habitations dans le voisinage. Le sol est infertile ; en le destinant à un nouvel usage , on n'enleve rien à l'agriculture.

Il est sec et sabloneux ; ce qui facilite d'une part l'exploitation des fosses ; de l'autre, le prompt desséchement des corps.

L'espace est vaste : on l'estime de 20 à 25 bicherées. Ainsi les fosses d'inhumation ne seroient dans le cas d'être ouvertes de nouveau qu'après un laps de tems considérable.

Le terrein est une propriété nationale, que les Représentans du Peuple peuvent mettre sur-le-champ à la disposition de la Commune.

Il est entouré, sur deux faces ,

d'un bon mur en pizai, médiocre-
ment élevé : il suffiroit de creuser,
sur les deux autres faces un fossé
profond, et de le border ensuite
d'une haie vive.

Dans la partie supérieure du mûr
qui s'étend le long de la route de
Grenoble, est pratiquée une grande
porte, qui serviroit d'entrée aux
convois funèbres.

A l'angle est un pavillon modeste,
qui fourniroit le logement pour un
concierge, ou du moins un entrepôt
des instrumens nécessaires à l'exploitation des fosses.

En un mot, ce local réunit toutes
les conditions essentielles, et présente de plus l'avantage d'être à-peu-
près tout disposé pour l'usage qu'on
projette d'en faire.

Il resteroit à y transporter ces
accessoires mélancoliques et atten-

drissans , qui font trouver à l'homme une sorte de délices jusques dans les souvenirs les plus douloureux , ou qui lui rendent le spectacle de la mort instructif, sans le rendre effrayant. Le local que nous proposons est encore susceptible de prendre ce caractère. Il est couvert de jeunes plantations qu'il faudra entretenir et conserver. Sa surface inégale offre des moyens naturel pour varier les aspects , établir des contrastes et ménager des surprises. La partie la plus élevée domine la plaine , découvre la Ville , et confondra tout à la fois dans la pensée , les idées du faste , de la simplicité champêtre , et du silence des tombeaux. Le voyageur ne pourra passer en cet endroit sans appercevoir de loin ce dernier asyle où vont s'engloutir les générations : ses sens seront émus ;

il versera quelques larmes sur un ami enlevé à sa tendresse ; il réfléchira sur lui-même ; il s'excitera par l'image d'une mort prochaine, à prolonger sa vie, en multipliant ses vertus et ses bienfaits. Les statues du silence et du sommeil ; des inscriptions simples, rappellant le souvenir des hommes qui auront bien mérité de la Patrie ; un arbuste à côté d'un cyprès, des urnes sous un berceau ; une guirlande sur le gazon qui couvre la beauté, le laurier sur la tombe du militaire courageux, la couronne civique sur celle de l'intrépide magistrat : tous ces emblêmes touchans qu'inventerent la philosophie, l'amour ou la reconnoissance, produiront, dans cet endroit, une impression d'autant plus profonde, que la pensée n'y sera point distraite, qu'elle pourra se fortifier à chaque instant par la rencontre imprévue des objets qu'un site irré- gulier déroboit aux premiers regards.

On n'a pu opposer au choix d'un local si favorable, qu'une seule ob- jection. Il est trop éloigné, a-t-on dit, du centre et de toutes les par- ties de la Commune. Ce frivole motif a déjà prévenu contre notre opinion un grand nombre de per- sonnes, mêmes de celles dont les lumières doivent faire respecter les avis. La réponse est néanmoins fa- cile. Sans doute ce seroit beaucoup trop d'une heure de marche, si chaque famille étoit obligée de por- ter ses morts au dépôt général. Mais a-t-on pu imaginer qu'un semblable projet fût entré dans les vues des Administrateurs? La Commune four- nira des chars funèbres, des che- vaux, des conducteurs, comme l'hôpital en a fourni jusqu'à présent ; et alors qu'importe la distance ? abrégez la route d'une demi-heure ; vous aurez donné aux conducteurs et aux chevaux une demi heure de repos de plus : je n'y vois pas d'autre avantage ; les frais seront toujours les mêmes.

Néanmoins dans l'intention de diminuer la distance, on a proposé deux autres emplacemens : celui de la loge de la bienfaisance, et les communaux situés au-delà de la Tête-d'Or.

Par rapport au premier, il présente en effet quelques avantages. Mais d'abord l'espace ne paroît point assez grand, en second lieu ce terrein n'est pas suffisamment garanti contre les excursions du fleuve, qui pourroit un jour bouleverser les fosses. En troisieme lieu l'abord en est impraticable, dans le tems des grosses eaux. Enfin ce local est trop près de la Cité : du moins il seroit difficile de tranquilliser parfaitement le public sur cette proximité, s'il l'on se décidoit à y établir le cimetiere général.

Par rapport aux communaux, en delà de la Tête-d'Or, ils présentent aussi le grand inconvénient d'être inabordables dans les tems des fortes inondations. Quoique peu fertiles cependant ils le sont plus encore que le terrein que nous avons indiqué. Il faudroit d'ailleurs des dédommagemens pour les Communes que l'on priveroit d'une jouissance qui leur est accordée par la Loi. Enfin ce local n'est aucunement disposé, ne dit rien au cœur, ni à l'imagination, ne seroit susceptible de produire quelque effet qu'à force de dépenses.

Comme nous espérons que l'établissement d'un cimetiere général ne sera qu'une mesure provisoire, et que la République adoptera quelque jour le systême de la combustion, notre opinion sera constamment de préférer le lieu qui se prête, avec le moins de frais possibles, aux vues que l'on se propose. Nous persistons en conséquence dans notre premier avis.

Nous ajouterons seulement qu'après l'ouverture et la consécration patriotique du cimetiere général, il conviendra que la Municipalité donne des ordres pour faire encombrer tous les cimetieres particuliers dans l'intérieur de la Commune ; pour y faire brûler toutes les échoppes, planches et bierres qui s'y impregnent depuis si long-tems de miasmes putrides, et pour empêcher que ces terreins ne soient fouillés au moins de trois ans. Il conviendra que les mêmes précautions soient prises au cimetiere de la Magdelaine, afin d'assainir en même tems tous les points d'où pourroient se repandre sur nos habitations, des exhalaisons méphitiques et pernicieuses.

Commune - Affranchie, nonodi, 19 Germinal, l'an deuxieme de la République démocratique, une et indivisible.

Signé, WILLERMOZ, DUTREIH, ROUX, CARRET.

Pour copie conforme,
RICOU, secrétaire-greffier.

EXTRAIT des Registres des Délibérations du Conseil-Général, dans sa séance du dix-neuf Germinal, an deux de la République, une et indivisible.

LECTURE faite par un membre d'un rapport des Commissaires aux inhumations, adressé aux Citoyens Maire et Officiers Municipaux;

Le Conseil-Général applaudissant aux vues bienfaisantes et salutaires qui y sont présentées,

Croyant qu'il n'est pas indifférent de les offrir à la méditation des Législateurs et des patriotes de toute la République,

ARRÈTE, après avoir ouï sur ce

l'Agent National, qu'il sera imprimé et envoyé aux Représentans du Peuple, à la Convention Nationale, au Comité de Salut Public, ainsi qu'à toutes les Sociétés Populaires.

Fait en Conseil les jour et an susdits.

Pour extrait conforme,

RICOU, secrétaire-greffier.

A COMMUNE-AFFRANCHIE, de l'Impr. Républicaine, place de la Raison.

Lyon.